AF475706

PAIEMENT

DE LA

DETTE DE LA FRANCE A L'ALLEMAGNE.

ÉTUDE

Communiquée par M. V. GROUALLE à son ancien confrère et ami,

M. MATHIEU-BODET, rapporteur de la Loi du Budget

à l'Assemblée Nationale.

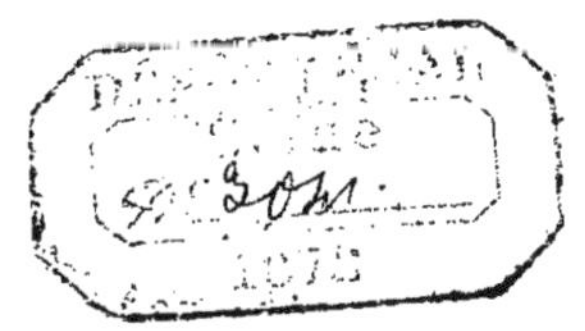

I. Ceux qui connaissent complétement les embarras de notre situation financière, ne se font pas d'illusions sur le poids de notre dette envers l'Allemagne et sur les difficultés que nous aurons à nous libérer.

Ces difficultés sont aggravées par deux causes : le très-court délai qui nous a été imposé par les traités de 1871, et le mode de paiement auquel nous sommes assujettis.

Cependant l'impatience de notre libération devient si vive dans tout le pays, qu'il n'y a pas, pour le Gouvernement, de question plus importante que celle qui a pour objet de chercher les moyens de réunir, sans retard, la somme de trois milliards, que nous devrons encore après avoir épuisé notre premier emprunt.

Sans doute, quand le Gouvernement aura trouvé cet énorme capital, il aura à faire ses versements en numéraire, en lingots d'or et d'argent ou en papier sur l'Allemagne, de nature à être accepté par notre créancier aux lieu et place de valeurs monétaires.

Mais ce ne seront là que des embarras accessoires et d'exécution, dont je ne crois pas avoir à m'occuper.

J'aborde donc immédiatement les questions spéciales de mon sujet.

II. Et d'abord, peut-on compter sur le complet succès d'une souscription volontaire? — Je ne le pense pas.

Malgré l'élan sympathique que cette souscription provoque dans toute la France, elle ne produira pas, sans doute, au delà d'une portion relativement assez faible de notre dette, puisque ceux-là même qui, à l'origine, comptaient le plus sur les prodiges qu'ils en attendaient, limitent aujourd'hui leurs espérances à la somme de cinq cents millions, qu'il sera même probablement très-difficile d'atteindre.

On avait évidemment établi des prévisions tout à fait chimériques, et je suis peu surpris que, dans de pareilles conditions, l'Assemblée nationale ait hésité à prendre la souscription sous son patronage.

Les difficultés devant lesquelles l'Assemblée nationale est forcée de s'arrêter, quand il s'agit d'organiser même les éléments de notre simple budget, ont dû être pour elle un indice non équivoque de la mesure que nos sacrifices ne sauraient dépasser sans péril; et, dans l'état de gêne et d'inquiétude où se trouve le pays, l'épargne, affranchie de toutes charges, qui seule pourrait être l'aliment vraiment fécond d'une souscription publique, est trop restreinte pour constituer, au milieu de nos désastres, une ressource capable de suffire à la libération de notre dette.

Il est aussi permis de penser que notre situation est trop critique pour qu'il ne fût pas imprudent et impolitique de livrer à l'Allemagne trois milliards, sans remplacer, en France, une somme si considérable au moyen de contre-valeurs, propres à rendre notre appauvrissement moins sensible et à laisser au pays la disposition d'une partie de la richesse sociale qui est utile pour faire face à des complications faciles à prévoir.

III. Si je ne crois pas au complet succès d'une souscription volontaire, je considérerais comme déplorable, dangereuse et inique une *contribution forcée*: déplorable, parce qu'une contribution de ce genre ne peut être que la ressource désespérée des Etats dont le crédit est épuisé, détruit; dangereuse, parce que, ne donnant pas même une contre-valeur à ceux qui la subissent, elle arrête tous les ressorts de l'activité publique et aggrave toutes les misères; inique enfin, parce que sa répartition, dont on ne peut guère chercher les bases que dans celle de l'impôt, *où il n'est pas tenu compte des charges dont les fortunes sont grevées*, est toujours arbitraire et produit des résultats d'autant plus injustes que la contribution est plus forte.

La richesse et le crédit de la France sont, Dieu merci ! assez puissants et assez vivaces encore, pour que l'on n'ait pas à redouter de pareilles mesures, et j'ajoute qu'il faut aussi repousser d'avance toutes les combinaisons, plus ou moins aventureuses d'ailleurs, qui supposeraient la confiscation ou la spoliation directes ou indirectes des droits appartenant à une classe plus ou moins nombreuse de citoyens, et par conséquent un abus coupable des pouvoirs conférés par les lois aux dépositaires de l'autorité publique.

IV. Des observations qui précèdent, il résulte, à mes yeux, que pour payer notre dette, le seul moyen honnête et efficace que nous ayions à notre disposition, c'est de faire appel au crédit, et dès lors une autre question se présente :

« Sous quelle forme cet appel doit-il avoir lieu, et quelle est » la combinaison qui pourrait le moins diminuer le crédit en» core disponible de l'Etat, entraîner les sacrifices les moins » onéreux pour chacun, occasionner la moins forte perturba» tion dans les affaires, et porter le moins grand préjudice à la » prospérité générale ou privée ? »

V. L'Etat fait habituellement usage de son crédit au moyen *d'emprunts* qui mettent à sa charge des intérêts plus ou moins élevés, et l'assujettissent à un remboursement du capital facultatif ou obligatoire, dans des délais successifs et plus ou moins longs; il est donc toujours directement emprunteur, et les titres qu'il délivre en échange des capitaux qui lui sont remis, *Rentes sur l'Etat*, *obligations ou bons du trésor*, sont souscrits en son nom.

Convient-il de faire un emprunt par la voie d'une émission de *bons du trésor*, *d'obligations* ou de *rentes sur l'Etat*? C'est ce que je vais examiner.

VI. Les bons du trésor sont, en général, des obligations à *courte échéance*, dont les conditions variables sont subordonnées à l'urgence des besoins accidentels de la trésorerie et à l'abondance plus ou moins grande des capitaux disponibles. Ils font partie de la dette flottante et sont principalement un auxiliaire utile des mouvements de fonds, qui mettent le trésor dans la nécessité, quand les circonstances l'exigent, d'escompter, pour ainsi dire, ses recouvrements prochains ou en retard, afin de pouvoir faire face au paiement de ses charges immédiates.

Les services et les avantages particuliers, que l'Etat obtient de ses émissions de bons du trésor, ne permettent donc guère de faire servir ce genre de titres à ses emprunts généraux. On s'exposerait à compromettre l'usage utile des bons du trésor eux-mêmes, qui perdraient, dans ce cas, leurs véritables caractères et leur mobilité pour devenir de *simples obligations*.

VII. Je ne crois pas non plus que ce fût une bonne chose de faire un emprunt en émettant des *obligations*. Trois raisons principales déterminent ma conviction à cet égard :

D'abord, les Villes et les grandes Compagnies ont tellement multiplié ces emprunts qu'ils ont perdu une grande partie de leurs avantages, et il faudrait, pour solliciter de cette manière les capitaux, imposer au pays de trop lourds sacrifices ;

En second lieu, quand il s'agit de l'État, les émissions d'obligations sont évidemment moins favorables que la création de simples rentes, puisqu'elles l'assujettissent au remboursement du capital à des échéances déterminées ;

Enfin, ces échéances, qui peuvent être facilement organisées et réglées d'avance, quand il s'agit des Villes ou des Compagnies, dont les recettes et les dépenses, soit actuelles, soit futures, sont aisément prévues et rarement dérangées par des charges nouvelles ou des événements inattendus, échappent, au contraire, à cette sûreté d'appréciation, quand il s'agit du budget général et de l'avenir du pays ; en sorte que la nécessité de rembourser à une époque précise les capitaux empruntés finit, le plus souvent, par faire naître de tels embarras qu'on est conduit à transformer les obligations en rentes sur l'État.

Aussi, je n'insisterais pas davantage sur ce mode d'emprunt, si l'Assemblée nationale n'avait pas été saisie, par un de ses membres, d'un projet qu'il ne m'est pas permis de passer sous silence.

Je vais essayer de résumer ce projet.

Son honorable auteur a dit, en définitive, si je l'ai bien compris, ce qui suit au Gouvernement :

Vos titres de rentes sont au-dessous du pair, et vous ne pourriez pas emprunter quatre milliards au moyen d'une émission de rentes nouvelles au-dessous de six pour cent. Il vous faudrait donc inscrire annuellement à votre budget au moius deux cent quarante millions pour le seul service des arrérages. Au bout de soixante ans, vous auriez déboursé quatorze milliards quatre cents millions sans cesser d'être débiteur du capital.

Portez annuellement à votre budget seulement cent quarante millions; ne payez ni arrérages ni intérêts, mais, en échange, offrez à vos obligataires de les rembourser *au double*, *en soixante années, par séries d'obligations tirées au sort* ; *ajoutez pour six milliards de lots à ces remboursements annuels, qui n'absorberont que cent trente-quatre millions* ; et il suffira d'un peu plus de huit milliards, c'est-à-dire à peine les huit quatorzièmes des arrérages d'un emprunt fait en rentes, pour éteindre toute la dette, non-seulement des intérêts, mais même du capital.

Que penser de cette combinaison ?

Je crois qu'un emprunt tenté sur de semblables bases ne ferait illusion à personne et qu'il ne serait pas souscrit.

Mais si l'on veut supposer qu'il pourrait réussir, parce qu'on en comprendrait mal les défectuosités, j'avoue qu'il faudrait être profondément affligé de ce que l'état des mœurs et la légèreté des esprits auraient permis d'organiser, sur une aussi vaste échelle, une loterie qui ne rendrait pas même, à ceux qui s'y seraient associés, l'équivalent de leurs sacrifices.

Les mécomptes et les plaintes seraient d'ailleurs rapides.

Au lendemain d'un pareil emprunt, quand la lumière se serait faite, que vaudraient des obligations de ce genre entre les mains des souscripteurs ?

Ne seraient-elles pas soumises aux stricts calculs des chances si grandes et si éloignées, que les souscripteurs auraient à courir? Pourrait-on les considérer comme des valeurs de placement, quand elles ne produiraient pas de revenus, ou comme des valeurs de crédit, quand elles ne seraient vraiment pas susceptibles d'être acceptées à titre de gage? Evidemment non, et elles tomberaient bientôt frappées d'une dépréciation d'autant plus certaine et plus forte, que les tirages eux-mêmes ne tarderaient pas à devenir suspects aux porteurs de titres qui n'auraient pas été favorisés.

VIII. Il faut donc renoncer aux obligations comme aux bons du Trésor, et admettre que, si l'État doit faire un emprunt sans s'éloigner des usages habituels, c'est-à-dire en demeurant lui-même directement emprunteur, c'est encore par la voie d'une émission de rentes nouvelles qu'il y a lieu de procéder.

La réussite d'un pareil emprunt ne saurait, au surplus, être douteuse, et il y en a plusieurs raisons principales :

D'abord, les rentes sur l'État sont encore des valeurs de placement et de crédit de premier ordre. La hausse qui, depuis l'emprunt de deux milliards, survit à la spéculation, montre qu'une grande portion des titres se classe et s'éloigne du marché de nos fonds publics.

En second lieu, n'est-ce pas sur les dépôts de titres de rentes que l'on obtient, dans les établissements financiers, les avances les plus élevées, et les conditions les moins lourdes pour l'escompte des effets de circulation au moyen desquels on réalise le plus souvent les crédits ouverts ?

Enfin, la négociation des rentes, soit au comptant, soit à terme, reste toujours si active et si facile, que les détenteurs de ces titres n'ont aucunement à souffrir de la faculté que le gouvernement conserve de ne pas les rembourser, puisqu'ils peuvent aisément en obtenir le prix en les vendant.

Est-ce à dire qu'un nouvel emprunt en rentes sur l'État ne présenterait pas, à d'autres points de vue, de graves inconvénients? Il ne faudrait pas le croire.

Les trois milliards empruntés seront perdus pour la richesse nationale, puisqu'ils seront livrés à un gouvernement étranger; et s'il est vrai que les rentes, émises en échange de ce capital, constitueraient des valeurs qui répareraient peut-être, dans une assez large mesure, la perte éprouvée, il est certain que la création de ces rentes deviendrait, dans tous les cas, la source de dommages d'un autre genre qu'il serait bien désirable de pouvoir éviter.

En effet, quand l'État emprunte en créant des rentes, il fait sortir ces valeurs de son propre crédit *disponible*. Or, le crédit disponible d'un pays, c'est une *réserve* qui doit toujours être ménagée avec le plus grand soin, afin de conserver sa puissance et de demeurer prêts à faire face aux éventualités et aux embarras imprévus de l'avenir. Il se produirait donc un amoindrissement du crédit disponible de l'Etat proportionnellement à l'importance des capitaux empruntés, et cet amoindrissement éveille de justes soucis et de bien légitimes préoccupations, dans la situation troublée où nous sommes.

La France restera menacée par l'Allemagne, et les agitations révolutionnaires ne sont pas pour elle un moindre péril.

Or, nul ne saurait dire quelles seront les exigences de crises nouvelles; et ce n'est pas sans effroi que l'on compte les brêches déjà faites à notre crédit, par les nombreux emprunts accomplis, sous tant de formes diverses, pendant l'Empire et depuis la guerre de 1870.

Nos désastres ont fait perdre à l'activité financière et industrielle une partie de l'essor qui lui avait été imprimé et qui rendait moins sensible l'atteinte portée à la fortune publique, et il n'est pas étonnant que l'on se demande aujourd'hui si, après un nouvel emprunt de trois milliards, l'Etat aurait encore un crédit et des ressources suffisamment libres et assurées, pour parer à tous les événements qui peuvent survenir.

D'un autre côté, un emprunt en rentes obligerait à porter au passif de notre budget annuel, une somme d'au moins 180 millions pour le service des arrérages, et on peut craindre que cette augmentation d'impôts, ajoutée aux rentes antérieures, ne rende cette charge excessive et presque dangereuse, alors que l'on ne parvient pas à rétablir l'équilibre, au moyen de réductions sérieuses portant sur d'autres parties de nos anciens budgets.

Enfin, pour assurer la souscription d'un emprunt de trois milliards, il faudrait offrir des conditions plus avantageuses que le cours actuel des rentes, ou des valeurs analogues, et il en résulterait, sur le marché de nos fonds publics et dans les affaires, une perturbation d'autant plus profonde que la circulation et l'escompte du papier de commerce sont déjà difficiles, et qu'on est à peine au lendemain du mouvement de hausse qui a suivi l'emprunt de deux milliards.

IX. Ces graves considérations, qui militent contre l'opportunité d'un nouvel emprunt en rentes sur l'Etat, m'ont conduit à rechercher s'il ne serait pas possible d'arriver à payer notre dette par une voie différente, que je ne présenterai pas assurément comme exempte d'inconvénients, mais qui aurait le mérite relatif d'être moins périlleuse.

C'est par l'indication de la combinaison que je proposerais de suivre, que je vais terminer cette étude.

En créant un établissement qui devrait emprunter, sous la protection et la garantie de l'Etat, trois milliards pour payer la Prusse, et en assurant à cet établissement les moyens de rembourser ses prêteurs en dix années, par une dotation annuelle de 400 millions qui lui serait faite dans le budget, on parviendrait à ménager considérablement les ressources du Crédit public. Bien des grandes entreprises ont eu souvent recours à ce mécanisme auxiliaire qui a donné de bons résultats, et son application à la situation actuelle serait facile.

A l'époque où M. Mollien était au nombre des directeurs de la Caisse d'amortissement, cette Caisse put émettre des bons de crédit qui eurent une circulation presque égale à celle des billets de la Banque de France.

On pourrait donc mieux individualiser la Caisse d'amortissement, qui prendrait temporairement le nom de *Caisse d'amortissement de la dette nationale et de libération du territoire*, et dont on éléverait la dotation annuelle.

On pourrait même, pour simplifier les opérations et la comptabilité de l'emprunt, qui demeureraient distinctes de celles de la Caisse actuelle d'amortissement, créer la Caisse spéciale *de la libération du territoire*, affecter à cette Caisse la dotation et lui accorder, par une loi particulière, diverses immunités en harmonie avec sa mission et son but.

Cette Caisse recevrait le produit des souscriptions ouvertes sous le patronage des Femmes françaises, et ces souscriptions prendraient, de cette manière, une forme, une direction et un caractère qui permettraient de les déclarer d'intérêt national.

Elles deviendraient, en effet, un élément auxiliaire sérieux d'une combinaison légale propre à faire recouvrer au pays son indépendance et sa sécurité.

Une déclaration de cette nature, émanée de l'autorité publique souveraine, c'est-à-dire de l'Assemblée nationale, ajouterait, en même temps, à la grandeur comme à la force morale des souscriptions, et contribuerait à ranimer et à entretenir dans le cœur des femmes, qui sont l'âme même de la France, la flamme du patriotisme.

Comme la Légion-d'Honneur, la Caisse de libération du territoire serait autorisée à recevoir les donations entre vifs ou testamentaires qui lui seraient faites en vue de concourir à son but, et un livre spécial pourrait conserver la mémoire de ces libéralités patriotiques.

Le Gouvernemennt aurait sans doute, ainsi que je l'ai déjà dit, à constituer à la Caisse de la libération du territoire une *dotation spéciale temporaire*; mais comme une somme de 400 millions par an suffirait pour éteindre en dix ans, tant en capital qu'en intérêts, la dette résultant de l'emprunt, on n'aurait qu'à doubler, pendant cette période de dix années, la dotation de la Caisse d'amortissement, qui est actuellement de 200 millions, pour obtenir cet important résultat.

Il est à remarquer que cette augmentation de 200 millions excéderait à peine le montant des intérêts de notre dette envers l'Allemagne ou les arrérages d'un emprunt qui serait fait en rentes sur l'Etat; et comme ces intérêts ont déjà leur place dans le chiffre général de nos dépenses, elle ne serait pas à proprement parler une charge nouvelle dans l'organisation de nos impôts.

Ainsi, et pour bien préciser les ressources que posséderait l'établissement emprunteur à créer, ainsi que les sûretés qui garantiraient son emprunt et le paiement des effets qu'il aurait souscrits, la Caisse de libération du territoire disposerait :

1° D'une dotation de 400 millions par an pendant dix ans ;
2° Du produit des souscriptions des Femmes de France ;
3° Des libéralités entre vifs ou testamentaires qu'elle pourrait recevoir ;
4° De la garantie subsidiaire de l'Etat.

Cette garantie subsidiaire aurait les mêmes caractères que celle qui fut, après la révolution de 1848, d'un si grand secours, quand on organisa les Comptoirs nationaux d'Escompte et les Sous-Comptoirs pour venir en aide au travail et au crédit.

J'ai dit que l'ensemble des ressources de la Caisse de libération du territoire serait plus que suffisant pour rembourser, en dix ans, le capital emprunté et ses intérêts; mais quelles devraient être la forme et les avantages des contre-valeurs, ou en d'autres termes des titres qui seraient remis aux prêteurs par la Caisse chargée de cette grande opération?

Pour éviter d'occasionner une perturbation grave dans le marché de nos fonds publics, pour éviter aussi de déprécier nos rentes récemment émises, et enfin pour venir en aide au commerce, à l'industrie, au travail, aux affaires qui souffrent de l'insuffisance actuelle de nos valeurs de crédit et de circulatian ou d'échange, c'est sous la forme de billets, qui pourraient entrer dans la circulation commerciale ou financière et jouir même de plus grands avantages que les effets de commerce ordinaire, qu'il conviendrait, je pense, de créer les contre-valeurs de l'emprunt.

Quelques explications vont mettre en relief les services que pourraient rendre ces billets.

La monnaie d'or ou d'argent, qui est notre instrument d'échange le plus parfait, offre l'avantage, quand nous payons les objets de consommation, le prix des matières premières ou du travail, de porter en elle-même sa valeur sous une forme commode, solide, durable et garantie par le contrôle et la surveillance des pouvoirs publics ou la sévérité des lois. Mais nous sommes loin de posséder une quantité de numéraire aussi considérable qu'on le suppose généralement.

Si je ne me trompe pas, c'est seulement à environ six milliards que l'on estimait la monnaie d'or et d'argent existant en France avant nos récents désastres.

Dans quelles proportions cette richesse a-t-ellle été amoindrie par les achats d'armes et de munitions faits à l'étranger, aussi par les achats de blé que l'insuffisance de notre dernière récolte a rendus nécessaires, enfin par les paiements qu'il a fallu aire au Gouvernement allemand?

f

Dans quelles proportions sera-t-elle encore diminuée par les paiements qui nous restent à faire ?

Il est difficile de le savoir, car nos pertes nouvelles de numéraire dépendront beaucoup de la rareté ou de l'abondance de notre papier de commerce sur l'Allemagne ; mais évidemment, et dans tous les cas, il y aura dans cette perte une cause de souffrance qu'il faudrait pouvoir adoucir.

Les billets de la Banque de France sont, après le numéraire, notre plus précieux instrument d'échange, et malgré le cours forcé qui en suspend l'exigibilité immédiate, ils offrent de si sérieuses garanties qu'ils rendent presque les mêmes services que la monnaie, sinon dans nos rapports avec l'étranger, au moins à l'intérieur du pays. Mais on sait que l'émission de cette sorte de billets ne peut guère être étendue au delà de deux milliards huit cents millions, et il suffit, en effet, de jeter les yeux sur les éléments de l'actif de la Banque, qui constituent la sûreté et la solidité de ses billets, pour reconnaître que, même dans cette limite, l'expérience, la sagesse et la sévérité avec lesquelles les administrateurs de ce grand établissement choisissent les effets que l'on escompte et qui entrent dans le portefeuille, sont indispensables au maintien de la confiance que les billets de banque eux-mêmes inspirent au public. La sûreté de ces billets repose, en effet, principalement sur les effets commerciaux du portefeuille, sur les avances sur dépôts de titres, les créances contre l'Etat ou contre la ville de Paris etc..., et c'est seulement en cas d'insuffisance de toutes ces valeurs, qu'elle devrait atteindre le capital de garantie versé par les actionnaires. Or, cette situation commande une extrême prudence et exige beaucoup de circonspection dans les escomptes et les avances.

Il existe un troisième, on pourrait presque dire un dernier élément de nos valeurs de circulation et d'échange, ce sont les effets de commerce, lettres de change, billets à ordre ou au porteur, etc...

Les autres titres, rentes, actions, obligations, etc..., sont surtout des valeurs de placement, de crédit ou de spéculation.

Les effets de commerce ont le double avantage de n'être pas limités dans leur nombre et de s'étendre même à nos relations avec les pays étrangers, mais ils ont l'inconvénient de faire défaut ou de s'escompter avec difficulté dans le temps de crise. La raison en est simple. Ces effets supposent des opérations commerciales auxquelles ils se rattachent, et ce sont ces opérations elles-mêmes qui en forment la principale garantie, parce que c'est de leur réalisation et de leur réussite que le souscripteur attend les moyens de les solder à leur échéance. Les autres sûretés des effets de commerce, telles que la solidarité ou les gages, n'en sont à vrai dire que des sûretés accessoires, et par cela même ces sortes de valeurs languissent ou disparaissent, comme les opérations industrielles et commerciales elles-mêmes, toutes les fois que la sécurité sociale ou politique se trouve profondément atteinte et ébranlée.

Nous sommes précisément aujourd'hui dans une situation de cette nature, et comme la diminution et la circulation plus difficile des effets de commerce est, en même temps qu'un symptôme d'appauvrissement, une cause de gêne et un obstacle à la reprise des affaires, c'est le devoir impérieux de tout gouvernement, qui ne se sent pas impuissant à rétablir l'ordre et la confiance, de venir en aide à cet instrument d'échange et de circulation mis en péril, et de chercher les moyens de favoriser la création et le développement de nouveaux titres, afin de rendre au travail, à l'industrie, au commerce, en un mot à cette portion essentielle de l'activité sociale, le mouvement et la vie.

C'est dans ce but qu'il serait opportun, selon moi, au moment où, pour libérer le territoire, on est contraint de faire appel aux capitaux disponibles, d'autoriser un établissement spécial à émettre des titres ou billets qui, pouvant être à la fois des valeurs de placement, de crédit ou de circulation, pourraient aider à la reprise des affaires et diminuer la grandeur de nos pertes.

L'émission de ces titres serait double et correspondrait d'une part aux paiements d'intérêts, et d'autre part aux remboursements de capitaux. Elle devrait, en outre, être réglée de manière à se trouver en parfaite concordance avec un tableau, qui aurait été dressé sur des bases propres à assurer l'extinction complète de l'emprunt, dans une période de dix années.

Ce tableau pourrait être dressé de la manière suivante :

L'emprunt étant de trois milliards, les *premiers* souscripteurs recevraient :

1° Des bons d'intérêt à cinq pour cent, au porteur ou à ordre, et ces bons, qui seraient payés au mois de juin 1872, donneraient droit à des primes ou lots tirés au sort et formés de la différence d'intérêts entre le taux civil et le taux légal du commerce ;

2° Des bons de remboursement du capital, également au porteur ou à ordre, qui seraient payés au mois de décembre suivant ; et ces derniers bons seraient limités, en 1872, à la somme de deux cent cinquante millions.

Les souscripteurs qui se présenteraient après que cette première somme de deux cent cinquante millions aurait été couverte, recevraient :

1° Des bons d'intérêt à cinq pour cent payables au mois de juin 1872 ;

2° Des bons d'intérêt aussi à cinq pour cent payables en juin 1873, et donnant droit, en outre, aux primes ou lots de cette seconde année ;

Et 3° des bons de capital à recouvrer au mois de décembre 1873.

On procéderait de la même façon pour les années suivantes jusqu'en 1881, et l'on arriverait ainsi aux résultats que je vais rapidement indiquer.

Année 1872.

Dette de l'emprunt.........Fr.	3.000.000.000	
Bons d'intérêts..........................Fr.		150.000.000
Primes ou lots................................		2.500.000
Amortissement ou bons de capital.	250.000.000	

Année 1873.

Dette de l'emprunt............	2 750.000.000	
Bons d'intérêts..............................		137.500.000
Primes ou lots..............................		2.620.000
Amortissement ou bons de capital.	262.000.000	

Année 1874.

Dette de l'emprunt............	2.488.000.000	
Bons d'intérêts..............................		124.400.000
Primes ou lots..............................		2.750.000
Amortissement ou bons de capital.	275.000.000	

Année 1875.

Dette de l'emprunt............	2.213.000.000	
Bons d'intérêts..............................		110.650.000
Primes ou lots..............................		2.890.000
Amortissement ou bons de capital.	289.000.000	

Année 1876.

Dette de l'emprunt..........Fr.	1.924.000.000	
Bons d'intérêts..........................Fr.		96.200.000
Primes ou lots..................................		3.030.000
Amortissement ou bons de capital.	303.000.000	

Année 1877.

Dette de l'emprunt............ .	1.621.000.000	
Bons d'intérêts..................................		81.050.000
Primes ou lots..................................		3.180.000
Amortissement ou bons de capital.	318.000.000	

Année 1878.

Dette de l'emprunt..............	1.303.000.000	
Bons d'intérêts		65.150.000
Primes ou lots..................................		3.340.000
Amortissement ou bons de capital.	334.000.000	

Année 1879.

Dette de l'emprunt..............	969.000.000	
Bons d'intérêts..................................		48.450.000
Primes ou lots..................................		3.500.000
Amortissement ou bons de capital.	350.000.000	

Année 1880.

Dette de l'emprunt..............	619.000.000	
Bons d'intérêts..................................		30.950.000
Primes ou lots..................................		3.690.000
Amortissement ou bons de capital.	369.000.000	

Année 1881.

Dette de l'emprunt..............	250.000.000	
Bons d'intérêts..................................		12.500.000
Primes ou lots..................................		2.500.000
Amortissement ou bons de capital.	250.000.000	

Ainsi, le capital dû sur l'emprunt se trouvant réduit à 250,000,000 fr. en 1881, les bons d'intérêts à payer ne seraient plus que de 12,250,000 fr. et les primes ou lots de 2,500 000 fr. et comme il ne resterait à rembourser sur le capital emprunté que 250,000,000 fr., l'ensemble des dotations annuelles de 400,000,000 présenterait, en définitive, un excédant d'environ cent treize millions, suffisant pour couvrir tous les frais et parer aux éventualités les plus imprévues.

Les explications et le tableau qui précèdent, ayant permis

de suivre la marche successive de l'amortissement, il ne reste plus à présenter que quelques observations sur les résultats, que l'on pourrait espérer de la nature et des caractères des bons qui auraient été délivrés aux souscripteurs de l'Emprunt.

J'ai dit que ces titres devraient avoir, soit pour les intérêts, soit pour le remboursement du capital, la forme et les avantages des effets de commerce, mais la différence résultant des échéances plus ou moins prochaines ou plus ou moins éloignées amènerait certaines dissemblances qu'il est utile d'indiquer.

On sait que les billets commerciaux ont, en général, des échéances rapprochées de la date de leur souscription. Sans cela leur circulation serait difficile, et il est même d'usage, dans les maisons de banque, de ne les admettre à l'escompte que quand leur échéance ne s'étend pas au delà de trois mois ou de cent cinq jours.

Il résulte de là, que ce serait seulement pendant la période de temps voisine de leur paiement que les bons de la Caisse entreraient réellement chaque année et successivement, dans la circulation commerciale proprement dite. Mais, comme les échéances annuelles ne seraient pas inférieures à quatre cents millions, les titres susceptibles d'êtres escomptés seraient toujours nombreux, et ils auraient l'avantage de pouvoir être reçus directement à la Banque de France, sur le seul endossement du porteur, parce qu'ils formeraient évidemment des effets de premier ordre, et que la signature de la Caisse et la garantie de l'Etat devraient être considérées comme équivalant à deux signatures.

Les titres souscrits par la Caisse de libération du territoire seraient-ils cependant privés, avant l'année de leur échéance, de tous les avantages des effets de commerce? Non, sans doute ; ils constitueraient des titres de placement susceptibles de devenir au gré du détenteur des titres de crédit.

Il serait toujours facile, en les transportant à titre de garantie ou en les donnant en gage, d'obtenir des avances ou de se faire ouvrir des comptes-courants, au moyen desquels on pourrait mettre en circulation ou escompter des effets de commerce, dont ils deviendraient une garantie auxiliaire non moins sérieuse, assurément, que les récipissés de dépôts de marchandises dans les magasins généraux ou l'aval d'un sous-comptoir.

Ils auraient d'ailleurs le bénéfice de diverses immunités qui en accroîtraient la valeur.

Ainsi, 1° Leur paiement ne pourrait, comme celui des rentes sur l'Etat, être arrêté par aucune opposition, et 2° les titres eux-mêmes et les négociations ou les engagements dont ils deviendraient l'objet seraient exonérés de tout impôt, de tout droit de timbre, de quittance et d'enregistrement fixe ou proportionnel.

Les décrets de 1848 ont assujetti seulement à un droit fixe de deux francs les actes destinés à assurer les droits des comptoirs et des sous-comptoirs, et je suppose que, pour favoriser la réussite de l'emprunt, le législateur n'hésiterait pas à autoriser le *visa* pour timbre et l'enregistrement gratis de tous les actes qui auraient pour objet les titres délivrés aux souscripteurs.

On pourrait, aussi, affranchir de toutes formalités lentes ou coûteuses et de tout droit de mutation, les libéralités qui seraient faites à la Caisse de libération du territoire.

Il me reste une dernière observation à présenter.

Les souscriptions gratuites actuelles et les dons ultérieurs seront assez importants, je l'espère, pour permettre de réduire dans une certaine mesure, la dotation qui serait mise à la charge du Trésor ; mais j'ai cru qu'il fallait établir les calculs sur des bases fixes, et c'est pour cela que je n'en ai pas tenu compte dans mes tableaux. Au surplus, toute la portion de la dotation de l'Etat, qui n'aurait pas été employée, serait affectée au rachat d'une partie de notre dette publique, et demeurerait à la Caisse d'amortissement, qui reprendrait le rôle qu'elle a maintenant dans notre mécanisme financier.

Paris, le 26 février 1872.

V. GROUALLE,

Docteur en droit, ancien Président de l'ordre des avocats au conseil d'Etat et à la Cour de cassation.

Paris. — Imprimerie de E. Brière, rue Saint-Honoré, 257.

www.ingramcontent.com/pod-product-compliance
Ingram Content Group UK Ltd.
Pitfield, Milton Keynes, MK11 3LW, UK
UKHW020500220726
13923UKWH00006B/2663